BEI GRIN MACHT SICH IHR WISSEN BEZAHLT

Bibliografische Information der Deutschen Nationalbibliothek:

Die Deutsche Bibliothek verzeichnet diese Publikation in der Deutschen National-
bibliografie; detaillierte bibliografische Daten sind im Internet über http://dnb.d-
nb.de/ abrufbar.

Impressum:

Copyright © 2013 GRIN Verlag, Open Publishing GmbH
Druck und Bindung: Books on Demand GmbH, Norderstedt Germany
ISBN: 978-3-656-44436-7

Dieses Buch bei GRIN:

http://www.grin.com/de/e-book/215808/die-zunkunft-der-handarbeitstechnik-
haekeln

Tobias Ochs

Die Zunkunft der Handarbeitstechnik Häkeln

GRIN Verlag

GRIN - Your knowledge has value

Der GRIN Verlag publiziert seit 1998 wissenschaftliche Arbeiten von Studenten, Hochschullehrern und anderen Akademikern als eBook und gedrucktes Buch. Die Verlagswebsite www.grin.com ist die ideale Plattform zur Veröffentlichung von Hausarbeiten, Abschlussarbeiten, wissenschaftlichen Aufsätzen, Dissertationen und Fachbüchern.

Besuchen Sie uns im Internet:

http://www.grin.com/

http://www.facebook.com/grincom

http://www.twitter.com/grin_com

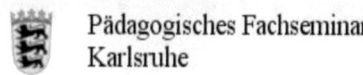

Pädagogisches Fachseminar
Karlsruhe

Häkeln früher und heute

Stirbt die Handarbeitstechnik „Häkeln" aus?

Name: Tobias Ochs

Kurs: 2 C

Fach: TW

Abgabedatum: 05.02.13

Gliederung

1. Vorwort

In der Textilverarbeitung gibt es viele Methoden um etwas herzustellen. Eine davon ist das Häkeln, hierbei werden mit dem Faden und einer Häkelnadel Maschen erzeugt und miteinander verknüpft. Unterschiedlich zur glatten Stricknadel hat die Häkelnadel an ihrer Spitze einen Haken. Dieser Haken macht es möglich, den Faden durch bereits gearbeitete Maschen zu ziehen. Dadurch entsteht ein zusammenhängendes Maschengebilde. Da Häkeln eine jüngere Technik und geschichtlich eine nicht so oft erwähnte Methode als die Strickerei ist, möchte ich das Häkeln näher betrachten. Ich beginne auf der geschichtlichen Ebene, verknüpfe es mit dem Bildungsauftrag der Schule und begutachte welchen Stellenwert die Häkeltechnik in der heutigen Gesellschaft hat.

2. Häkeln – eine sehr junge Handarbeit

Das Alter der Häkeltechnik lässt sich nicht genau festlegen und unterscheidet sich in vielen Büchern. Dennoch kann man davon ausgehen, dass die ersten Häkelwerke bei den Kopten[1] entstanden sind. Dies lässt sich aus den Gräberfunden aus den ersten Jahrhunderten schließen. Danach gibt es in der Kulturgeschichte, bis zum Ende des Mittelalters, keine Aufzeichnungen mehr über die Häkeltechnik. Damals wurden die die Häkelspitzen als Verzierung der Leinenwäsche genutzt.

Weitere Theorien besagen, dass Häkeln aus Handarbeiten in Arabien, Südamerika oder China entstanden sein sollen. Dennoch gibt es hierfür keine handfesten Beweise und die ersten Häkelmuster mit Anleitungen wurden im Jahre 1820 in einem holländischen Magazin gefunden. Die Anfänge kann man somit dem europäischen Raum zusprechen und einige Schriften deuten darauf hin, dass französische Nonnen das Häkeln nach Irland brachten. Als Hauptentwickler und Verbreiter dieser Handarbeitstechnik kann man das Land Irland benennen. Irische Häkelwaren wurden in Europa stark verbreitet und wegen ihrer einmaligen Schönheit bis nach Amerika verschifft.

Die Iren werden somit als die Pioniere der Häkelkunst bezeichnet und ihre Muster verbreiteten sich am Anfang des 19. Jahrhunderts weltweit. In dieser Zeit gab es viele irische Frauen und Mädchen, die von zu Hause aus arbeiteten um das Verlangen nach irischen Häkelarbeiten zu decken. In einigen Schriften wird behauptet, dass Häkelarbeiten den Reicheren vorbehalten waren. Dies galt als Statussymbol und man hob sich von den „Armen" ab, da diese nur Stricken durften. Die Häkeltechnik setzte sich in der industriellen Verarbeitung gegen das Stricken nie so richtig durch, aber wird bis heute noch in den Familien und Schulen ausgeübt.

3. Häkeln in der Schule

Auf den ersten Blick scheint in einer hochtechnisierten Gesellschaft die Herstellung von Textilien durch eigene Handarbeit keinen Platz mehr zu haben. Wir sind ausreichend mit Kleidungsstücken versorgt und benötigen für den eigenen Bedarf, nicht wie früher, keine Fertigkeiten um etwas selber herzustellen. Aber betrachtet man die persönliche Seite, das Erlernen und der damit verbundenen Fertigkeiten die man dadurch erlangt, ist das handwerkliche Arbeiten explizit das Häkeln eine sinnvolle und erstrebenswerte Tätigkeit. Der Bildungsplan gibt somit den Lehrern einen Bildungsauftrag mit, der das Gestalten mit Textilien und werkhaftem Material bei verschiedenen Techniken beinhaltet, da das für die motorische und kognitive[2] Entwicklung außerordentlich wichtig ist.

---

[1] christlichen Nachfahren der Ägypter

[2] geistige

3.1 Ausdauer eine aussterbende Tugend

Der Begriff Tugend [3] beinhaltet Werte die sich auf verschiedene Handlungsmuster, Gewohnheiten und Haltungen eines Menschen beziehen. Die Primärtugenden wie z.B. Gerechtigkeit oder Tapferkeit sind gesellschaftsunabhängig. Im Gegenzug gibt es die Sekundärtugenden, die man als wünschenswerte Charaktereigenschaften bezeichnen kann. Darunter fallen Fleiß, Pünktlichkeit, Ausdauer oder auch Pflichtbewusstsein. Viele der sekundären Tugenden findet man im textilen Werken wieder. Gerade Ausdauer und Fleiß werden beim Häkeln abverlangt. Des Weiteren spielen die Bereiche Kreativität und gegenseitiges Helfen eine wichtige Rolle.

So ist die Umsetzung von eigenen Ideen z.B. die Farb- und Designgestaltung einer Mütze, ein kreativer Prozess der das Denkvermögen anregt. Die Teamarbeit hingegen z.B. beim Erklären einer neuen Technik, fördert die soziale Komponente innerhalb der Klasse. So sind Geduld, Ausdauer und Konzentrationsvermögen für Kinder und Jugendliche, nicht nur in der Schule, sondern auch in der Freizeit von großer Wichtigkeit. Umso mehr muss die Schule verstärkt Möglichkeiten bieten, damit Ausdauer wieder verstärkt gelernt werden kann. Hierbei ist es wichtig, dass man die Vorkenntnisse und Interessen der Schüler miteinbezieht. Möchte man z.B. eine Mütze mit den Schülern häkeln, so kann man die Schüler sich im Internet darüber informieren lassen oder nach Designmöglichkeiten und verschiedenen Farben schauen. Hier gibt es zudem sehr gute Lernvideos zu verschiedenen Maschenanschlägen. Denn alles was Kinder und Jugendliche interessiert und lebensbedeutsam für sie ist, dafür entwickeln sie auch Ausdauer. Neben praktischen Fertigkeiten werden bei schülergemäßen Aufgaben auch kognitive und soziale Fertigkeiten entwickelt. Damit können die Schülerinnen und Schüler auch auf der Sach-, Methoden-, Selbst- und Sozialebene Kompetenzen erwerben. Diese sind für sie in der Familie, im späteren Berufsleben und ihrer Freizeit von äußerster Bedeutsamkeit.

Zusammenfassend bedeutet es, dass der Unterricht im textilen und werkhaften Gestalten schöpferische Kräfte entfaltet und das technische / technologische Wissen und Können schult. Die Planung bis hin zur Fertigstellung einer gehäkelten Mütze fördert in besonderer Weise die Ausdauer und den Leistungswillen. Das sichtbare Ergebnis veranschaulicht augenfällig die Qualität der Arbeit unter ästhetischen, technisch-technologischen, funktionalen Aspekten sowie die Würdigung individueller Ideen und erbrachter Einzel- und Teamleistung. So kann sich jeder Schüler selbst reflektieren und sieht, dass Selbstdisziplin und Ausdauer zu einem Ergebnis führt.

3.2 Didaktische Hinweise und Prinzipien für den Unterricht

Das Fach Mensch und Umwelt umfasst ausgehend vom privaten Haushalt die Themenbereiche Ernährung, Bekleidung, Wohnen, Wirtschaften, Zusammenleben in Familie und Gesellschaft. Berücksichtigung der Wechselwirkung zur Gesellschaft, Wirtschaft und

---

[3] Abgeleitet von taugen, ursprgl. Grundbedeutung Tauglichkeit (Tüchtigkeit, Vorzüglichkeit) einer Person

Allgemein versteht man darunter eine hervorragende Eigenschaft oder vorbildliche Haltung

Umwelt. Gesundheits- und Umwelterziehung sind durchgängiges Unterrichtsprinzip. Die komplexe und rasch sich wandelnde gesellschaftliche Situation verlangt eine stete inhaltliche und methodische Aktualisierung. Um den Anforderungen der Lebenswelt gerecht zu werden ist eine Handlungskompetenz anzubahnen, die Schülerinnen und Schüler in die Lage versetzt gegenwärtig und zukünftig eigenverantwortlich, selbstständig und kritisch ihre Existenz innerhalb der Gesellschaft zu bewältigen. So werden gerade im Fach Mensch und Umwelt Traditionen und deren derzeitige Stellung in der Gesellschaft weitergegeben. So findet man soziales in theoretischer und praktischer Auseinandersetzung, wobei die Schülerinnen und Schüler Teamfähigkeit bei der fachlichen und sachlichen Auseinandersetzung in verschiedenen methodischen Arbeitsfeldern entwickeln. Zudem werden die historisch-kulturellen Zusammenhänge berücksichtigt. Im Textilbereich wird das Beziehungsgeflecht Bekleidung, Ökonomie, Ökologie und Gesundheit aufgearbeitet und in verantwortungsbewusstes Kleidungs- und Verbraucherverhalten übergeführt. Grundlegende Fertigkeiten zur Herstellung, Gestaltung und Erhaltung von Textilien im täglichen Leben werden erprobt und beurteilt.

3.3 Kompetenzen

Bildungsplan der Realschule

Schülerinnen und Schüler

Klasse 7/8

...verschiedene textile Gestaltungstechniken ausführen.

Klasse 10

... ausgewählte Näh- und Gestaltungstechniken bei der Herstellung und Erhaltung textiler Gegenstände sachgerecht einsetzen;

4. Häkeln in der heutigen Zeit

Früher war das Häkeln eine wichtige Methode Kleidung herzustellen oder ein Hobby in der Familie. Bei der industriellen Herstellung von Kleidung werden auch heute noch das Stricken und die Weberei bevorzugt. Dennoch hat sich hier im Gegensatz zu früher einiges verändert und Häkeln wird nicht nur als Hobby ausgeübt, sondern lies einen neuen Markt entstehen.

4.1 Selbstgemachtes ist im Trend

Eine Handarbeit die in früheren Kulturen ausgeübt wurde ist heute ein Hobby von vielen. In der Gesellschaft und gerade in den Familien, wird die Handarbeit wieder sehr geschätzt und selbstgemachtes liegt im Trend. Umfragen zu Folge basteln, häkeln und heimwerken die Deutschen wie noch nie. Haben die Deutschen zu viel Zeit und Langeweile? Im Gegenteil meint die Expertin[4]. Die meisten fangen vor lauter Stress an, wieder etwas selbst zu machen.

---

[4] Gabriele Huth-Schneider, Systematische Beraterin in Solingen

Der alltägliche Druck in der Arbeitswelt, getrieben von Terminkalender, Emails und Telefonaten und die damit verbunden Erwartungshaltung von allen Seiten, sind verantwortlich dafür. So geht es oft um das tägliche Rennen nach Zeit und viele verlieren dabei das Gefühl etwas fertig zu bekommen. So ist der Frust im Alltag vorprogrammiert und am Ende steht das Gefühl der Unzufriedenheit. Als Gegenmittel haben viele Frauen und auch Männer das Häkeln für sich entdeckt. Die Expertin sieht im Häkeltrend viel Positives und nennt das Selbermachen „das Gegenmittel zum modernen Stress". Hierbei kann man abschalten und hat ein klares Ziel vor Augen. Nach zwei bis drei Stunden hat man ein vorzeigbares Ergebnis z.B. eine fertige Mütze und hat etwas fertig gemacht mit seinen eigenen Händen ohne technische Hilfsmittel. Genau das bleibt in der heutigen Zeit auf der Strecke und so wird auf zukünftig in vielen Familien gehäkelt.

4.2 Häkeln als Unternehmenskonzept

Mit einer guten Masche lässt sich Geld verdienen. Myboshi [5]nennt sich eine der erfolgreichsten Unternehmen im Häkelgeschäft. Zwei Studenten die aus einer „Schnapsidee" ein ganzes Unternehmen gründeten. Angefangen hat alles auf einem Skilehreraustausch in Tokio, als sie sich von einer Kollegin das Häkeln beibringen haben lassen. Als die Studenten wenig später durch Tokio flanierten, sprachen Australier sich an und kauften ihnen ihre Kopfbedeckung für 10 Euro ab. Zurück in Bayern entstand dann die Idee gehäkelte Mützen zu verkaufen. So gründeten sie eine Gesellschaft bürgerlichen Rechts und fingen an Mützen zu häkeln. Zuerst wurden sie von ihren Müttern belächeltund von ihnen Aushilfsweise unterstützt. Die Nachfrage nach den stylischen Mützen ging schlagartig über den Freundeskreis hinaus und heute besteht das Unternehmen aus 20 freien Mitarbeiterinnen – Tendenz steigend. Diese sind alle im Rentenalter und bessern sich so ihre Rente auf. Eine Häklerin macht in einem Monat bis zu 150 – 200 Mützen und derzeit gehen täglich ca. 80 - 100 Bestellungen über ihre Homepage ein. Hierbei kostet eine Mütze zwischen 29 und 50 Euro und kann vom Kunden spezifisch konfiguriert werden. Mittlerweile gibt es zwei Bücher[6] der beiden Studenten mit vielen unterschiedlichen Mützen, aber auch Anleitungen für Schals, Handytaschen, Taschen und weiteren kreativen Möglichkeiten etwas zu häkeln. Beide Bücher gehören zu den meistverkauften Handarbeitsbüchern der Welt. Das erste Buch, „mützenundmehr" wurde bisher 50 000 Mal verkauft. Der neueste Verkaufsschlager ist eine gehäkelte iPad-Hülle, davon wurden bisher 100 000 Stück verkauft.

4.3 Häkeltrends

Früher wurde aus der Not heraus gehäkelt um den Bedarf an Kleidung zu decken. Gegenwärtig ist das nicht mehr notwendig und die Herstellung von Kleidung oder anderen Werkstücken wird durch kreative Trends vorangetrieben.

---

[5] Mütze auf japanisch: „boshi"

[6] 1. Buch: mützenundmehr 2. Buch die Mützenmacher

4.3.1 Gehäkelte und gestrickte Puppen

Ein Trend der aus Japan kommt, nennt sich Amigurumi und ist eine japanische Strick- und Häkelkunst. Es werden kleine Tierpuppen, Gegenstände, Lebensmittel oder andere Objekte hergestellt. Wie so oft in asiatischen Ländern entsprechen die Amigurumipuppen dem „Kindchenschema" oder ähneln Manga [7]Charakteren- und wesen. Die Figuren werden hauptsächlich aus Garn gemacht, wobei oftmals in Spiralen und Runden gehäkelt bzw. gestrickt wird.

4.3.2 Verschönerung von Bäumen, Mauern und Ampeln

Guerilla Knitting [8]oder gestricktes / gehäkeltes Graffito[9], ist eine Form der modernen Streetart[10]. Es werden öffentliche Gegenstände wie z.b. ein Baum durch gehäkelte oder gestrickte Accessoires bis hin zum „Einstricken" ganzer Gegenstände, verschönert. Diese Bewegung nahm ihren Anfang 2005 in Houston, als Strickerinnen begannen, Türklinken mit gestrickten Accessoires zu verschönern. In Frankfurt am Main traten die ersten Guerilla-Strickarbeiten im Jahre 2010 in Erscheinung, in Bochum im Jahre 2011. Oftmals haben die Knittings auch eine politische Botschaft und so tauchten in Stuttgart 2010 am Bauzaun des Hauptbahnhofs seit dem Abriss des Nordflügels[11] Knittings von Projektgegnerinnen auf.

5. Aussicht / eigene Stellungnahme

Wollte man in diesem Winter eine bestimmte Wolle kaufen, hörte man oft den Satz „Leider ist die Wolle ausverkauft und wird erst in der nächsten Woche geliefert". In vielen Läden und Internetshops waren viele Farben ausverkauft. Lieferengpässe waren an der Tagesordnung. Das ist ein Indiz dafür, dass die Handarbeit wieder aufblüht und nicht nur bei den Älteren, sondern auch gerade bei den Jüngeren sehr beliebt ist. Neue Trends und Ideen lassen das Häkeln neu aufleben. Es sind neue Unternehmen, mit einem großen Kundenstamm, entstanden und die Faszination „Häkeln" reißt nicht ab. Kurz- und Mittelfristig gesehen werden neue Trends folgen und eine noch größere Vielfältigkeit wird entstehen. Inwieweit dieser Trend langfristig gesehen anhält, kann man nicht voraussehen, aber es ist gewiss, dass derzeit ein neues Interesse der 14-30 Jährigen entstanden ist und dieses weiter aufblühen wird. So wird auch in Zukunft nicht nur das ältere Semester zur Nadel und Wolle greifen, sondern auch viele Jugendlichen und jungen Erwachsenen. Das wirkt sich auch positiv auf die Schule aus und das textile Werken wird hoffentlich, durch neue Trends und Ideen, motivierter ausgeübt werden. Das Unternehmen „myboshi" bietet mittlerweile Häkelseminar für Lehrer an. Beim letzten haben 40 Lehrer teilgenommen. Hier sieht man ein

---

[7] Bestimmte Comicfiguren aus Japan

[8] Strickerei / Häkelarbeit

[9] Abwandlung von Graffiti, Umsetzung eines Graffitis anhand von Textilien

[10] Öffentliche Kunst auf Straßen, oftmals auch verboten

[11] Projekt Stuttgar2010

klares Zeichen, dass Häkeln wieder „in" und die Begeisterung der Schüler neu entfacht ist. Bezogen auf aktuelle Veränderungen im Schulsystem und der Einführung der Gemeinschaftsschule ist dieses Fach ein wichtiger Baustein. Da gerade hier sehr gut differenziert werden kann und leistungsschwachen Schülern mit leistungsstarken Schülern problemlos zusammenarbeiten und voneinander lernen können. Und warum sollte das nicht beim Häkeln einer Mütze oder Schals umgesetzt werden. Abschließend betrachtet kann man davon ausgehen, dass handwerkliches Können, Ausdauer, eigene Ideen und Leistungswille Garanten für eine gesicherte Zukunft sind. Die Schüler müssen in der Schule an konkreten und praktischen Aufgabenstellungen erfahren, dass Ausdauer und lebenslanges Lernen ein Schlüssel zum Erfolg im Berufs- und Familienleben sind. So ist das Häkeln auch in Zukunft im Privat- und Schulleben eine erstrebenswerte und sinnvolle Tätigkeit.

Quellenverzeichnis

Veröffentlichungen

Münchner Merkur, Katharina Fuhrin, Das Geschäft mit der lockeren Masche, Veröffentlichung am 01.Februar 2011

Rhein-Neckar-Zeitung, Liane Rapp, Ausgabe Nr. 10, Stricken fürs Gehirn

Bücher

Mandy Moore, Leanne Prain: Strick Graffiti. Kuscheliges für Mauern, Ampeln und Bäume. Strick Art stricken und häkeln. Knaur, 2011

Thomas Jaenisch, Felix Rohland, myboshi, Mützenmacher: Mützen in deinem Style selber häkeln, Frech Verlag, Auflage 3, 20.01.2012

Thomas Jaenisch, Felix Rohland, myboshi, mützenundmehr, Accesoires und Taschen im myboshi Style, Frech Verlag, Auflage 1, 08.10.2012

Internetquellen

Helga Wöhl, Ausdauer – eine aussterbende Tugend? Textiles Werken fördert und fordert Ausdauer, www. htw-praxis.de, Ausgabe 6 - 2009, Abruf am 15.01.13